# MIT WEIN ANGEREICHERTE REZEPTE

# 50

# AUßERGEWÖHNLICHE REZEPTE

ZR FLAMINI

# EINFÜHRUNG

Das Aufgießen mit Wein kann ein Vergnügen und eine Bereicherung für gutes Essen, Trinken und eine gute Mahlzeit sein! Wenn Wein erhitzt wird, verschwinden sowohl der Alkoholgehalt als auch die Sulfite, so dass nur die Essenz einen subtilen Geschmack verleiht.

Die erste und wichtigste Regel: Verwenden Sie in Ihrer Küche nur Weine oder Getränke, die Sie trinken würden. Verwenden Sie niemals Wein, den Sie NICHT TRINKEN WÜRDEN! Wenn Sie den Geschmack eines Weins nicht mögen, werden Sie das Gericht und die Getränke, in denen Sie ihn verwenden, nicht mögen.

Verwenden Sie nicht die sogenannten "Kochweine"! Diese Weine sind in der Regel salzig und enthalten andere Zusatzstoffe, die den Geschmack des von Ihnen gewählten Gerichts und Menüs beeinflussen. Der Prozess des Kochens / Reduzierens bringt das Schlimmste in einem minderwertigen Wein hervor.

Wein hat drei Hauptverwendungen in der Küche - als Marinadenzutat, als Kochflüssigkeit und als Aroma in einem fertigen Gericht.

Die Funktion des Weins beim Kochen besteht darin, den Geschmack und das Aroma von Lebensmitteln zu intensivieren, zu verbessern und hervorzuheben - nicht um den Geschmack dessen, was Sie kochen, zu maskieren, sondern um ihn zu stärken.

Für beste Ergebnisse sollte Wein nicht unmittelbar vor dem Servieren zu einem Gericht hinzugefügt werden. Der Wein sollte mit dem Essen oder der Sauce köcheln, um den Geschmack zu verbessern. Es sollte mit dem Essen oder in der Sauce köcheln, während es gekocht wird; Wenn der Wein kocht, reduziert er sich und wird zu einem Extrakt, der schmeckt.

Denken Sie daran, dass Wein nicht in jedes Gericht gehört. Mehr als eine Weinsauce in einer Mahlzeit kann eintönig sein. Verwenden Sie Wein kocht nur, wenn er etwas hat, um zum fertigen Gericht beizutragen.

# INFUSIERTE HAUPTGERICHTE

**1.  Mit Wein und Safran angereicherte Muscheln**

## ZUTATEN

- 2 Zwiebeln, geschält und halbiert
- 2 rote Chilischoten, Stiel entfernt
- 2 EL Olivenöl
- 1/2 TL Safranfäden, eingeweicht in 2 Esslöffel heißem Wasser
- 300 ml trockener Weißwein

- 500ml Fischbrühe
- 2 EL Tomatenmark
- Meersalzflocken und frisch gemahlener schwarzer Pfeffer
- 1 kg frische Muscheln, Bärte entfernt und gereinigt
- Mehrere Thymianzweige

Richtungen:

a) Fügen Sie die Zwiebeln und Chilischoten zum Prozessor hinzu.

b) Stellen Sie die Pfanne auf mittlere Hitze, fügen Sie die Zwiebeln und Chilischoten hinzu und kochen Sie sie 5 Minuten lang unter Rühren, bis die Zwiebeln glitzern und weich werden

c) Fügen Sie die Safranfadenmischung hinzu und kochen Sie 30 Sekunden. Wein, Fischbrühe, Tomatenmark hinzufügen und mit Salz und Pfeffer gut würzen. Zum Kochen bringen, Hitze reduzieren und 5 Minuten köcheln lassen

d) Erhöhen Sie die Hitze zu hoch, wenn die Sauce kocht, fügen Sie die Muscheln und Thymianzweige hinzu. Mit dem Deckel abdecken und 3-5 Minuten kochen lassen, dabei die Pfanne gelegentlich schütteln, bis sich die Muscheln dämpfen

e) Sofort mit knusprigem Brot servieren

## 2. Jakobsmuscheln in Weinsauce

Zutat

- 2 Pfund   Seekammuscheln

- 2 Esslöffel      Olivenöl

- $\frac{1}{4}$ Esslöffel      Paprikaflocken

- 2   Knoblauchzehen; fein gehackt

- 1 Esslöffel      Weißwein

- 1 Esslöffel      Curry Pulver

- 1 klein     Tomate; geschält, entkernt und gehackt

- $\frac{1}{4}$ Tasse    Schlagsahne

- 2 Esslöffel     Tabasco Sauce

- Salz und Pfeffer nach Geschmack

- 1 Esslöffel Petersilie; fein gehackt

a)   Gießen Sie etwas Olivenöl in eine der Pfannen auf dem Herd. Dann die roten Pfefferflocken, den Knoblauch und den Weißwein hinzufügen. Alle Jakobsmuscheln in die Pfanne geben. Decken Sie die Pfanne ab und lassen Sie die Jakobsmuscheln bei mittlerer / hoher Hitze kochen, bis die Jakobsmuscheln fest und undurchsichtig werden.

b)   Nehmen Sie die Pfanne vom Herd und geben Sie die Jakobsmuscheln in eine große Schüssel. 1 EL hinzufügen. Öl und das Currypulver in einen kleinen Topf geben und 1-2 Minuten kochen lassen.

c)   Die reservierte Jakobsmuschelflüssigkeit in den Topf mit Öl und Curry geben, indem $\frac{3}{4}$ Tasse durch ein Käsetuch oder einen Kaffeefilter gesiebt wird. In den gleichen Topf die Tomatenstücke, die Sahne, den Tabasco, das Salz, den Pfeffer und die Petersilie geben und 2 bis 3 Minuten erhitzen.

## 3. Heilbuttsteaks mit Weinsauce

Zutat

- 3 Esslöffel  Schalotten; gehackt

- 1½ Pfund Heilbuttsteaks; 1 Zoll dick, in 4 Zoll geschnitten

- 1 Tasse trockener Weißwein

- 2 Medien Pflaumentomaten; gehackt

- ½ Teelöffel getrockneter Estragon

- ¼ Teelöffel Salz

- ⅛ Teelöffel Pfeffer

- 2 Esslöffel    Olivenöl

a) Backofen auf 450 Grad vorheizen. Schalotten über den Boden einer 1 $\frac{1}{2}$ bis 2-Liter-Auflaufform streuen. Legen Sie den Fisch in eine flache Backform und gießen Sie Wein ein.

b) Gehackte Tomaten, Estragon, Salz und Pfeffer über den Fisch streuen. Mit Öl beträufeln.

c) 10 bis 12 Minuten backen, bis der Fisch durchgehend undurchsichtig ist. Den Fisch mit einem geschlitzten Spatel in eine Schüssel geben und die Haut abziehen.

d) Stellen Sie die Backform (falls aus Metall) über einen Herd oder gießen Sie Flüssigkeit und Gemüse in einen kleinen Topf. Bei starker Hitze 1 bis 2 Minuten kochen, bis die Sauce etwas weniger wird. Die Sauce über den Fisch geben und servieren.

## 4.  Griechisches Fleisch rollt in Weinsauce

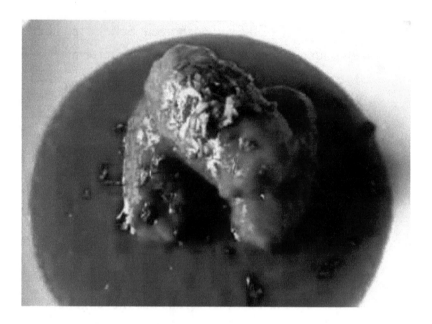

Zutat

- 2 Pfund   Mageres Rinderhackfleisch oder Pute

- 4 Scheiben        Trockener weißer Toast, zerbröckelt

- Zwiebel & Knoblauch

- 1  Ei, leicht geschlagen

- 1 Esslöffel Zucker

- Prise Salz, Kreuzkümmel, schwarzer Pfeffer

- Mehl (ca. 1/2 C)

- 1 Dose Tomatenmark

- $1\frac{1}{2}$ Tasse trockener Rotwein

- 2 Teelöffel Salz

- Gedünsteter Reis

- Gehackte Petersilie

a) Trockene Zutaten gut vermischen und fest mischen.

b) Befeuchten Sie die Hände in kaltem Wasser und formen Sie Esslöffel der Fleischmischung zu Brötchen (Protokollen) mit einer Länge von etwa $2\frac{1}{2}$ "bis 3". Jede Rolle leicht mit Mehl bestreichen.

c) Erhitzen Sie in einer tiefen Pfanne jeweils etwa $\frac{1}{2}$ "Öl und braune Brötchen, wobei Sie darauf achten, dass sie nicht überfüllt werden. Entfernen Sie die gebräunten Brötchen zum Abtropfen von Papiertüchern.

d) In einem holländischen Ofen Tomatenmark, Wasser, Wein, Salz und Kreuzkümmel verquirlen. Fügen Sie Fleischröllchen zur Sauce hinzu. Abdecken und 45 Minuten bis eine Stunde köcheln lassen, bis die Fleischröllchen fertig sind. Probieren Sie die Sauce und fügen Sie bei Bedarf Salz hinzu.

### 5.  Linsen mit glasiertem Gemüse

Zutat

- 1½ Tasse französische grüne Linsen; sortiert & gespült

- 1½ Teelöffel Salz; geteilt

- 1  Lorbeerblatt

- 2 Teelöffel Olivenöl

- Zwiebel, Sellerie, Knoblauch

- 1 Esslöffel Tomatenmark

- ⅔ Tasse Trockener Rotwein

- 2 Teelöffel Dijon-Senf

- 2 Esslöffel Butter oder Olivenöl extra vergine

- Frisch gemahlener Pfeffer nach Geschmack

- 2 Teelöffel frische Petersilie

a) Legen Sie Linsen in einen Topf mit 3 Tassen Wasser, 1 TL. Salz und das Lorbeerblatt. Zum Kochen bringen.

b) In der Zwischenzeit das Öl in einer mittelgroßen Pfanne erhitzen. Zwiebel, Karotte und Sellerie hinzufügen und mit $\frac{1}{2}$ TL würzen. salzen und bei mittlerer Hitze unter häufigem Rühren etwa 10 Minuten kochen, bis das Gemüse braun ist. Fügen Sie den Knoblauch und die Tomatenmark hinzu, kochen Sie noch 1 Minute und fügen Sie dann den Wein hinzu.

c) Zum Kochen bringen, dann die Hitze senken und abgedeckt köcheln lassen, bis die Flüssigkeit sirupartig ist.

d) Den Senf einrühren und die gekochten Linsen zusammen mit der Brühe hinzufügen.

e) Köcheln lassen, bis die Sauce größtenteils reduziert ist, dann die Butter einrühren und mit Pfeffer würzen.

## 6.   Heilbutt in Gemüsesauce

Zutat

- 2 Pfund   Heilbutt

- $\frac{1}{4}$ Tasse Mehl

- $\frac{1}{2}$ Teelöffel Salz

- Weißer Pfeffer

- 1 Esslöffel gehackte Petersilie

- $\frac{1}{4}$ Tasse Olivenöl

- 1 Zerkleinerte Knoblauchzehe

- 1 Gehackte große Zwiebel

- 1 Geriebene Karotte

- 2 Stiele gehackten Sellerie

- 1 große gehackte Tomate

- $\frac{1}{4}$ Tasse Wasser

- $\frac{3}{4}$ Tasse trockener Weißwein

a) Mehl, Salz, Pfeffer und Petersilie mischen: Fisch mit Mehlmischung ausbaggern. Olivenöl in der Pfanne erhitzen; Heilbutt hinzufügen und auf beiden Seiten goldbraun braten.

b) Aus der Pfanne nehmen und beiseite stellen. Knoblauch, Zwiebel, Karotte und Sellerie in die Pfanne geben: 10-15 Minuten anbraten, bis sie weich sind. Fügen Sie Tomate und Wasser hinzu, köcheln Sie 10 Minuten.

c) Die Sauce vom Herd nehmen und in den Mixer geben. Püree. Wein einrühren. Zurück zur Pfanne: Fisch in Sauce geben. Abdecken und 5 Minuten köcheln lassen.

### 7. Kräuterwürste in Wein

## Zutat

- ½ Pfund Italienische süße Wurst

- ½ Pfund Italienische heiße Wurst

- ½ Pfund Lielbasa

- ½ Pfund Bockwurst (Kalbswurst)

- 5 Frühlingszwiebeln, gehackt

- 2 Tassen trockener Weißwein

- 1 Esslöffel gehackte frische Thymianblätter

- 1 Esslöffel fein gehackte frische Petersilie

- $\frac{1}{2}$ Teelöffel Tabasco Pfeffersauce

a)  Schneiden Sie die Würste in $\frac{1}{2}$-Zoll-Stücke. In einer tiefen Pfanne bei mittlerer Hitze die italienische Wurst 3 bis 5 Minuten kochen lassen oder bis sie leicht gebräunt ist. Das Fett abtropfen lassen. Die restliche Wurst und die Frühlingszwiebeln hinzufügen und weitere 5 Minuten kochen lassen.

b)  Reduzieren Sie die Hitze auf niedrig, fügen Sie die restlichen Zutaten hinzu und köcheln Sie 20 Minuten unter gelegentlichem Rühren. Sofort servieren oder in einer Chafing Dish warm halten. Mit Zahnstochern servieren.

## 8. Fisch rollt in Weißwein

Zutat

- ⅔ Tasse Samenlose grüne Trauben, halbiert

- ¾ Tasse trockener Weißwein

- Vier; (6 bis 8 Unzen)

- hautlose Flunder

- ⅓ Tasse Gehackte frische Petersilienblätter

- 1 Esslöffel gehackter frischer Thymian

- ¼ Tasse gehackte Zwiebel

- 2 Esslöffel ungesalzene Butter

- 1 Esslöffel Allzweckmehl

- $\frac{1}{4}$ Tasse Sahne

- 1 Teelöffel frischer Zitronensaft

a) In einem kleinen Topf die Traubenhälften 1 Stunde im Wein mazerieren lassen.

b) Die Filets der Länge nach halbieren, mit Salz und Pfeffer würzen und die enthäuteten Seiten mit Petersilie und Thymian bestreuen. Rollen Sie jede Filethälfte mit 1 der reservierten Trauben in der Mitte zusammen und sichern Sie sie mit einem Holzpickel.

c) In einem kleinen Topf die Zwiebel in der Butter kochen, das Mehl einrühren und die Mehlschwitze kochen.

d) Fügen Sie die Sahne, die mazerierten Trauben, den Zitronensaft sowie Salz und Pfeffer hinzu, um die Sauce zu schmecken und zu kochen, und rühren Sie sie 3 Minuten lang um.

e) Gießen Sie die auf dem Teller angesammelte Flüssigkeit ab, verteilen Sie die Fischröllchen auf 4 erhitzte Teller und löffeln Sie die Sauce darüber.

### 9. Kräutertofu in Weißweinsauce

## Zutat

- 2 Esslöffel      (Soja) Margarine

- $1\frac{1}{2}$ Esslöffel      Mehl

- $\frac{1}{2}$ Tasse   (Soja Milch

- $\frac{1}{2}$ Tasse   Weißwein

- 1   Zwiebelschnitz in einem übrig

- Stück (ich kann nicht viel tolerieren

- Zwiebel, also ich

- Gebraucht ca. 4cm x 2cm

- Keil)

- 1 Strich   Gemahlene Nelken

- 1 Strich   Salz

- x   Etwas Wasser

- ½ Pfund   Zumindest Kräutertofu, gewürfelt

- (ca. 1,5 cm Würfel)

- x   Deine Lieblingsnudeln, genug

a) Margarine in der Pfanne schmelzen und mit Mehl verquirlen. Etwas abkühlen lassen und dann Wein und (Soja-) Milch unterrühren.

b) Zwiebel, Nelken und Salz in die Sauce geben und bei schwacher Hitze rühren, bis die Sauce leicht eingedickt ist. Wenn es zu dick wird, fügen Sie etwas Wasser hinzu. Fügen Sie Tofu hinzu und köcheln Sie, während Sie die Nudeln kochen.

c) Servieren Sie Tofu und Sauce über Nudeln und geben Sie die Zwiebel der Person, die sie mehr mag.

## 10. Gegrillter Tintenfisch in Rotweinmarinade

## Zutat

- 2 Gereinigter 1 1/2 Pfund Oktopus

- Karotten, Sellerie & Zwiebel

- 2 Lorbeerblätter

- 2 Teelöffel Salz

- Ganze schwarze Pfefferkörner & getrockneter Thymian

- 2 Tassen Rotwein

- 3 Esslöffel Olivenöl extra vergine

- 3 Esslöffel Rotweinessig

- 3 Esslöffel Trockener Rotwein

- Salz, frisch gemahlener schwarzer Pfeffer

- 1⅓ Tasse gesiebte Tintenfisch-Kochbrühe

- ¼ Tasse Olivenöl extra vergine

- 1 Esslöffel Zitronensaft

- 2 Esslöffel Butter

a) In einem großen Auflauf kombinieren Sie Tintenfisch, Karotten, Sellerie, Zwiebel, Lorbeerblätter, Salz, Pfeffer, Thymian, Rotwein und Wasser. Zum langsamen Kochen bringen.

b) Marinade zubereiten: In einer kleinen Schüssel die Zutaten der Marinade vermischen. Über den Tintenfisch gießen und zum Überziehen werfen.

c) Sauce zubereiten: In einem kleinen Topf die reservierte Brühe, das Olivenöl, den Zitronensaft und den Essig vermischen. Petersilie einrühren.

d) 4 Minuten grillen, dabei häufig wenden, bis sie leicht verkohlt und durchgeheizt sind. Seve.

## 11. Gebackene süße Kochbananen in Wein

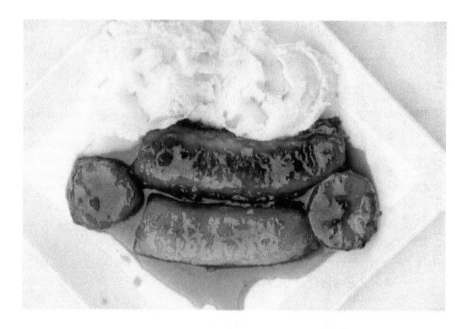

Zutat

- 4 Stück   Sehr reife Kochbananen

- 1 Tasse   Olivenöl

- ½ Tasse   brauner Zucker

- ½ Teelöffel     Zimt

- 1 Tasse   Sherrywein

a)   Ofen auf 350F vorheizen. Entfernen Sie die Schale
von den Kochbananen und schneiden Sie sie der

Länge nach in zwei Hälften. In einer großen
Bratpfanne das Öl auf mittlere Hitze erhitzen und
Kochbananen hinzufügen.

b) Kochen Sie sie, bis sie auf jeder Seite leicht
gebräunt sind. Legen Sie sie in eine große
Auflaufform und streuen Sie Zucker darüber. Zimt
hinzufügen und mit Wein bedecken. 30 Minuten
backen oder bis sie einen rötlichen Farbton
annehmen.

## 12. Nudeln in Zitronen-Weißwein-Sauce

Zutat

- 1½ Pfund Pasta; deine Entscheidung

- 1   Volle Hühnerbrust; gekocht, julienne

- 10 Unzen Spargel; blanchiert

- ¼ Tasse Butter

- ½ kleine Zwiebel

- 4 Esslöffel Allzweckmehl

- 2 Tassen Trockener Weißwein

- 2 Tassen Hühnerbrühe

- 12 Teelöffel Zitronenschale

- 1 Esslöffel frischer Thymian; gehackt

- 1 Esslöffel frischer Dill; gehackt

- 3 Esslöffel Dijon-Senf

- Salz und Pfeffer; schmecken

- Parmesan Käse; gerieben

a) Nudeln kochen und halten Hähnchenbrust kochen und Spargel blanchieren; halt. Die Butter in einem großen Topf bei mittlerer Hitze erwärmen. Fügen Sie die Zwiebel hinzu und braten Sie sie an, bis sie leicht braun und sehr weich ist.

b) Fügen Sie das Mehl hinzu und reduzieren Sie die Hitze auf niedrig. Rühren, bis alles vollständig vermischt ist. Weißwein und Brühe sehr langsam unterrühren.

c) Die Sauce zum Kochen bringen und 10 Minuten köcheln lassen. Zitronenschale, Thymian, Dill, Senf einrühren und mit Salz und weißem Pfeffer abschmecken. Fügen Sie das gekochte und Julienne Huhn und Spargel hinzu.

## 13. Nudeln mit Muscheln in Wein

Zutat

- 1 Pfund    Muscheln (in ihren Schalen)

- Weißwein (genug, um einen großen flachen Topf etwa einen halben Zoll zu füllen)

- 2 große    Knoblauchzehen, fein gehackt

- 2 Esslöffel    Olivenöl

- 1 Teelöffel    Frisch gemahlener Pfeffer

- 3 Esslöffel    Gehacktes frisches Basilikum

- 1 groß    Tomate, grob gehackt
- 2 Pfund  Pasta

a) Waschen Sie die Muscheln gründlich, ziehen Sie alle Bärte ab und kratzen Sie die Muscheln nach Bedarf ab. In einen Topf mit Wein geben.

b) Decken Sie es fest ab und dämpfen Sie es, bis sich die Muscheln öffnen. Während die Muscheln etwas abkühlen, geben Sie die Weinbrühe bei mittlerer Hitze und fügen Sie Knoblauch, Olivenöl, Pfeffer, Tomate und Basilikum hinzu.

c) Heiße Linguini oder Fettucini mit Sauce übergießen und servieren!

## 14. Rotwein Fettucine und Oliven

Zutat

- 2½ Tasse Mehl

- 1 Tasse Grießmehl

- 2 Eier

- Tasse Trockener Rotwein

- 1 Rezept Lumache alla Marchigiana

a) Zubereitung von Nudeln: Machen Sie eine Vertiefung aus dem Mehl und legen Sie die Eier und den Wein in die Mitte.

b) Mit einer Gabel die Eier und den Wein zusammenschlagen und das Mehl beginnend mit dem inneren Rand des Brunnens einarbeiten.

c) Kneten Sie den Teig mit beiden Händen mit den Handflächen.

d) Rollen Sie die Nudeln auf der Nudelmaschine bis zur dünnsten Einstellung aus. Schneiden Sie die Nudeln von Hand oder mit der Maschine in $\frac{1}{4}$ Zoll dicke Nudeln und legen Sie sie unter ein feuchtes Handtuch.

e) 6 Liter Wasser zum Kochen bringen und 2 Esslöffel Salz hinzufügen. Schnecke zum Kochen bringen und beiseite stellen.

f) Lassen Sie die Nudeln ins Wasser fallen und kochen Sie sie, bis sie gerade zart sind. Die Nudeln abtropfen lassen und mit den Schnecken in die Pfanne geben. Sofort in einer warmen Servierplatte servieren.

## 15. Orecchiette Pasta & Huhn

Zutat

- 6 große   Hähnchenschenkel, ohne Knochen und mit Haut

- Salz und frisch gemahlener schwarzer Pfeffer nach Geschmack

- 2 Esslöffel Oliven- oder Rapsöl

- ½ Pfund   Frische Shiitake-Pilze

- Zwiebel, Knoblauch, Karotten & Sellerie

- 2 Tassen herzhafter Rotwein

- 2 Tassen Reife Tomaten, gewürfelt, entkernt

- 1 Teelöffel frischer Thymian / frischer Salbei

- 4 Tassen Hühnerbrühe

- ⅓ Tasse fein gehackte Petersilie

- ½ Pfund  Orecchiette Pasta, ungekocht

- ¼ Tasse gehacktes frisches Basilikum

- ¼ Tasse abgetropfte sonnengetrocknete Tomaten

- Frische Basilikumzweige

- Frisch rasierter Asiago oder Parmesan

a) Hähnchen würzen und Hähnchen bei starker Hitze schnell anbraten.

b) Fügen Sie Pilze, Zwiebeln, Knoblauch, Karotten und Sellerie hinzu und braten Sie sie an, bis sie sehr leicht gebräunt sind. Das Huhn wieder in die Pfanne geben, Wein, Tomaten, Thymian, Salbei und die Brühe hinzufügen und zum Kochen bringen. Petersilie einrühren und warm halten.

c) Pasta zubereiten & servieren. Mit Basilikumquellen und rasiertem Käse garnieren.

## 16. Rindfleisch mit Portobello-Sauce

Zutat

- 500 Gramm mageres Rinderhackfleisch

- $\frac{1}{2}$ Trockener Rotwein

- $\frac{1}{2}$ Teelöffel Pfeffer; grober Boden

- 4 Esslöffel Roquefort oder Stilton

- $\frac{3}{4}$ Pfund  Portobellos; (375 g oder 4 med)

a) Fleisch von 2-4 Minuten pro Seite anbraten

b) Gießen Sie eine halbe Tasse Wein hinein und mahlen Sie den Pfeffer großzügig über die Pastetchen.

c) Reduzieren Sie die Hitze auf mittel und köcheln Sie unbedeckt 3 Minuten lang. Die Pastetchen wenden, den Käse darüber streuen und unbedeckt weiter köcheln lassen, bis der Käse zu schmelzen beginnt (ca. 3 Minuten).

d) In der Zwischenzeit die Stängel von den Pilzkappen trennen. Stängel und Kappen in dicke Scheiben schneiden.

e) Fügen Sie Pilze zum Wein in der Pfanne hinzu und rühren Sie ständig, bis sie heiß sind.

f) Löffel Pilze um Pastetchen geben, dann Sauce darüber gießen.

## 17. Italienische Käse- und Rotweinwurst

Zutat

- 4 Pfund  Schweinefleisch, ohne Knochen, Schulter oder Hintern

- 1 Esslöffel  Fenchelsamen, in Mörser gemahlen

- 2  Lorbeerblätter, zerdrückt

- $\frac{1}{4}$ Tasse  Petersilie, gehackt

- 5  Knoblauch, gepresst

- $\frac{1}{2}$ Teelöffel  Pfeffer, rot, Flocken

- 3 Teelöffel     Salz, koscher

- 1 Teelöffel Pfeffer, schwarz, frisch gemahlen

- 1 Tasse Käse, Parmesan oder Romano, gerieben

- $\frac{3}{4}$ Tasse Wein, rot

- 4  Wursthüllen (ca.

a) Mahlen Sie das Fleisch in einer Küchenmaschine oder einem Kitchen Aid-Fleischwolfaufsatz für den Mixer. Alle Zutaten mischen und 1 Stunde stehen lassen, damit die Aromen verschmelzen können.

b) Wurst mit Kitchen Aid Wurstfüllaufsatz in Hüllen füllen oder Hand mit Wursttrichter kaufen.

## 18. Pilze & Tofu in Wein

Zutat

- 1 Esslöffel Distelöl

- 2 Stück   Knoblauchzehen, gehackt

- 1 große Zwiebel, gehackt

- $1\frac{1}{2}$ Pfund Pilze, in Scheiben geschnitten

- $\frac{1}{2}$ mittelgrüner Paprika, gewürfelt

- $\frac{1}{2}$ Tasse trockener Weißwein

- $\frac{1}{4}$ Tasse Tamari

- $\frac{1}{2}$ Teelöffel Geriebener Ingwer

- 2 Teelöffel Sesamöl

- $1\frac{1}{2}$ Esslöffel Maisstärke

- 2 Stück Kuchen Tofu, gerieben

- Zerkleinerte Mandeln

a) Saflor im Wok erhitzen. Wenn heiß, Knoblauch und Zwiebel hinzufügen und bei mäßig schwacher Hitze anbraten, bis die Zwiebel durchscheinend ist. Fügen Sie Pilze, Paprika, Wein, Tamari, Ingwer und Sesamöl hinzu. Mischen.

b) Maisstärke in einer kleinen Menge Wasser auflösen und in die Pfanne einrühren.

c) Tofu einrühren, abdecken und weitere 2 Minuten köcheln lassen.

## 19. Aprikosenweinsuppe

Zutat

- 32 Unzen Aprikosen in Dosen; ungezogen

- 8 Unzen  Sauerrahm

- 1 Tasse Chablis oder trockener Weißwein

- $\frac{1}{4}$ Tasse Aprikosenlikör

- 2 Esslöffel Zitronensaft

- 2 Teelöffel Vanilleextrakt

- $\frac{1}{4}$ Teelöffel gemahlener Zimt

a) Alle Zutaten in einem Behälter mit einem elektrischen Mixer oder einer Küchenmaschine mischen und glatt rühren.

b) Abdecken und gründlich abkühlen lassen. Suppe in einzelne Suppentassen schöpfen. Mit zusätzlicher Sauerrahm und gemahlenem Zimt garnieren.

## 20. Pilzsuppe mit Rotwein

Zutat

- 50 G; (2-3 Unzen) Butter, (50 bis 75)

- 1 groß    Zwiebel; gehackt

- 500 g    Champignons; in Scheiben geschnitten (1 Pfund)

- 300 Milliliter    Trockener Rotwein; (1/2 Pint)

- 900 Milliliter    Gemüsebrühe; (1 1/2 Pints)

- 450 Milliliter   Doppelcreme; (3/4 Pint)

- Ein kleiner Haufen frischer Petersilie; fein hacken, zum garnieren

a) 25 g Butter in einer kleinen Pfanne bei mittlerer Hitze schmelzen und die Zwiebel 2-3 Minuten braten, bis sie nur noch weich ist, dabei häufig umrühren.

b) Weitere 25 g Butter in einem großen Topf bei mittlerer Hitze erhitzen.

c) Fügen Sie die Pilze hinzu und braten Sie sie 8-10 Minuten lang, bis sie weich sind.

d) Den Wein dazugeben und weitere 5 Minuten kochen lassen. Brühe und Zwiebel dazugeben und bei schwacher Hitze 15 Minuten köcheln lassen, ohne zu kochen.

e) Wenn Sie fertig sind, erhitzen Sie die Suppe vorsichtig bei schwacher Hitze und rühren Sie die Sahne ein.

## 21. Borleves (Weinsuppe)

Zutat

- 4 Tassen  Rot- oder Weißwein

- 2 Tassen  Wasser

- 1 Teelöffel      Geriebene Zitronenschale

- 8 Stück  Nelken

- je 1      Zimtstange

- 3 Stück  Eigelb

- $\frac{3}{4}$ Tasse  Zucker

a) Gießen Sie den Wein und das Wasser in den Topf. Fügen Sie die geriebene Zitronenschale, die Nelken und den Zimt hinzu. Bei schwacher Hitze 30 Minuten köcheln lassen.

b) Vom Herd nehmen und die Nelken und die Zimtstange wegwerfen. In der kleinen Rührschüssel das Eigelb mit einem Schneebesen schlagen. Fügen Sie den Zucker nacheinander hinzu und schlagen Sie weiter, bis er dick ist. Rühren Sie die Eigelbmischung in die heiße Suppe.

c) Stellen Sie den Topf wieder auf die Hitze und bringen Sie ihn zum Siedepunkt. Lassen Sie die Suppe nicht kochen, da sonst das Eigelb durcheinander gerät. In heißen Bechern servieren.

## 22. Kirschweinsuppe

Zutat

- 1 Unze    Kann säuerliche rote Kirschen entkernen

- 1½ Tasse  Wasser

- ½ Tasse   Zucker

- 1 Esslöffel     Schnellkochende Tapioka

- $\frac{1}{8}$ Teelöffel     Gemahlene Nelken

- $\frac{1}{2}$ Tasse   Trockener Rotwein

a)  In einem $1\frac{1}{2}$-Liter-Topf ungekochte Kirschen, Wasser, Zucker, Tapioka und Nelken verrühren. 5 Minuten stehen lassen. Zum Kochen bringen.

b)  Hitze reduzieren; abdecken und 15 Minuten köcheln lassen, dabei gelegentlich umrühren.

c)  Vom Herd nehmen; Wein einrühren. Abdecken und unter gelegentlichem Rühren kalt stellen. Ergibt 6 bis 8 Portionen.

## 23. Dänische Apfelsuppe

Zutat

- 2 große   Äpfel, entkernt, geschält

- 2 Tassen Wasser

- 1   Zimtstange (2 ")

- 3   Ganze Nelken

- $\frac{1}{8}$ Teelöffel Salz

- $\frac{1}{2}$ Tasse) Zucker

- 1 Esslöffel Maisstärke

- 1 Tasse frische Pflaumen, ungeschält und in Scheiben geschnitten

- 1 Tasse frische Pfirsiche, geschält und geschnitten

- $\frac{1}{4}$ Tasse Portwein


a) Kombinieren Sie Äpfel, Wasser, Zimtstange, Nelken und Salz in einem mittelgroßen Topf.

b) Zucker und Maisstärke mischen und zur pürierten Apfelmischung geben.

c) Fügen Sie die Pflaumen und Pfirsiche hinzu und köcheln Sie, bis diese Früchte zart sind und die Mischung leicht eingedickt ist.

d) Fügen Sie den Portwein hinzu.

e) Top individuelle Portionen mit einem Schuss leicht saurer Sahne oder fettfreiem Vanillejoghurt.

## 24. Cranberry Wein Jello Salat

Zutat

- 1 großes Pkg. Himbeergelee

- $1\frac{1}{4}$ Tasse kochendes Wasser

- 1 große Dose ganze Preiselbeersauce

- 1 große Dose ungebremst zerkleinert

- Ananas

- 1 Tasse gehackte Nüsse

- $\frac{3}{4}$ Tasse  Portwein

- 8 Unzen   Frischkäse

- 1 Tasse   Sauerrahm

- Jello in kochendem Wasser auflösen.
  Preiselbeersauce gut einrühren.

a) Fügen Sie Ananas, Nüsse und Wein hinzu. Gießen
   Sie in eine 9x 13 Zoll Glasschale und kühlen Sie für
   24 Stunden.

b) Zum Servieren den Frischkäse weich rühren, saure
   Sahne hinzufügen und gut verquirlen. auf Jello
   verteilen.

## 25. Dijon-Senf mit Kräutern und Wein

Zutat

- 1 Tasse Dijon-Senf

- $\frac{1}{2}$ Teelöffel Basilikum

- $\frac{1}{2}$ Teelöffel Estragon

- $\frac{1}{4}$ Tasse Rotwein

a)  Alle Zutaten mischen.

b)  Über Nacht in den Kühlschrank stellen, um die Aromen zu mischen, bevor sie verwendet werden. Im Kühlschrank lagern.

## 26. Wein infundierte Bucatini

Zutaten

- 2 Esslöffel Olivenöl, geteilt
- 4 würzige Schweinswürste nach italienischer Art
- 1 große Schalotte, in Scheiben geschnitten
- 4 Knoblauchzehen, gehackt
- 1 Esslöffel geräucherter Paprika
- 1 Prise Cayennepfeffer
- 1 Prise zerkleinerte rote Pfefferflocken
- Salz nach Geschmack
- 2 Tassen trockener Weißwein,
- 1 Dose geröstete Tomatenwürfel
- 1 Pfund Bucatini
- 1 Esslöffel ungesalzene Butter

- 1/2 Tasse frisch geriebener Parmesan
- 1/2 Tasse gehackte frische Petersilie

Richtungen:

a) In einem großen Topf oder einem holländischen Ofen 1 Esslöffel Olivenöl bei mittlerer Hitze erhitzen. Fügen Sie die Wurst hinzu und kochen Sie sie ca. 8 Minuten lang, bis sie braun ist.

b) Fügen Sie Knoblauch hinzu und kochen Sie noch eine Minute. Wenn Knoblauch duftend und goldbraun ist, fügen Sie den geräucherten Paprika, Cayennepfeffer und Paprikaflocken hinzu. Mit Salz und Pfeffer würzen.

c) Die Pfanne mit dem Wein ablöschen und alle braunen Stücke vom Boden der Pfanne abkratzen.

d) Die gerösteten Tomatenwürfel und das Wasser hinzufügen und zum Kochen bringen. Fügen Sie die Bucatini hinzu und kochen Sie.

e) Wenn die Nudeln gekocht sind, die reservierte Wurst, Butter, Parmesan und gehackte Petersilie unterrühren.

f) Mit Salz und Pfeffer abschmecken und genießen!

## 27. Spargel in Wein

Zutat

- 2 Pfund  Spargel

- Kochendes Wasser

- $\frac{1}{4}$ Tasse Butter

- $\frac{1}{4}$ Tasse Weißwein

- $\frac{1}{2}$ Teelöffel Salz

- $\frac{1}{4}$ Teelöffel Pfeffer

a) Spargel waschen und Enden abbrechen. Legen Sie die Speere in eine flache Pfanne und bedecken Sie sie mit Salzwasser. Zum Kochen bringen und 8 Minuten köcheln lassen.

b) Abgießen und in gebutterte Auflaufförmchen verwandeln. Butter schmelzen und Wein einrühren. Spargel übergießen. Mit Salz, Pfeffer und Käse bestreuen. 15 Minuten bei 425 'backen.

## 28. Senf, Wein marinierte Wildkoteletts

Zutat

- 4 Karibu- oder Hirschkoteletts

- $\frac{1}{4}$ Teelöffel Pfeffer

- 1 Teelöffel Salz

- 3 Esslöffel gemahlener Steinsenf

- 1 Tasse Rotwein

a) Koteletts mit Senf einreiben. Mit Salz und Pfeffer bestreuen. Mit Wein abdecken und über Nacht im Kühlschrank marinieren.

b) Grill- oder Holzkohlegrill bis zur mittleren, seltenen Heftung mit der Marinade.

## 29. Hühnerflügel mit Weindressing

Zutat

- 8 Hühnerflügel

- $\frac{1}{4}$ Tasse Maisstärke

- 2 Teelöffel Salz

- 1 Tasse Olivenöl

- 1 Tasse Estragon Weinessig

- $\frac{3}{4}$ Tasse trockener Weißwein

- $\frac{1}{2}$ Teelöffel trockener Senf

- Getrocknetes Basilikum, Estragon, Oregano & weißer Pfeffer

- Öl zum braten

- Salz Pfeffer

- 1 kleine Tomate

- $\frac{1}{2}$ mittelgrüner Paprika

- $\frac{1}{2}$ klein    Zwiebel in dünne Ringe geschnitten

a) Hähnchen in Maisstärke mit 2 Teelöffeln Salz und weißem Pfeffer ausbaggern.

b) Erhitzen Sie das Öl in einer schweren Pfanne bis zu einer Tiefe von $\frac{1}{2}$ Zoll und braten Sie das Huhn goldbraun und zart, etwa 7 Minuten auf jeder Seite.

c) Für das Dressing Öl, Essig, Wein, Knoblauch, Senf, Zucker, Basilikum, Oregano und Estragon mischen. Mit Salz und Pfeffer abschmecken.

d) Tomatenscheiben, Paprika und Zwiebelscheiben mit Dressing vermischen und gut mischen.

## 30. Oeufs en meurette

Zutat

- Schalotten; 6 geschält

- $2\frac{1}{2}$ Tasse Beaujolais Wein; Plus

- 1 Esslöffel Beaujolais Wein

- 2,00 weiße Pilze; geviertelt

- 3,00 Scheiben Speck; 2 grob gehackt

- 4,00 Scheiben französisches Brot

- 3,00 Esslöffel Butter; erweicht

- 2,00 Knoblauchzehen; 1 ganz, zerschlagen,

- Plus 1 fein gehackt

- 1,00 Lorbeerblatt

- $\frac{1}{2}$ Tasse Hühnerbrühe

- $1\frac{1}{4}$ Esslöffel Mehl

- 1,00 Esslöffel   Rotweinessig

- 4,00 große Eier

- 1,00 Esslöffel   Petersilie

a) Schalotten braten, bis sie gut gebräunt sind, und mit einer halben Tasse Wein begießen. Pilze in die Pfanne geben; 5 Minuten unter den heißen Grill stellen, grob gehackten Speck hinzufügen und grillen.

b) Croutes zubereiten: Brotscheiben mit zerdrückter Knoblauchzehe einreiben und auf das Backblech legen. Grillen.

c) Eier 2 Minuten pochieren, bis sie gerade fest sind.

d) Eier mit Sauce übergießen, mit Petersilie bestreuen und sofort servieren.

## 31. Rotwein-Pilz-Risotto

Zutat

- 1 Unze Steinpilze; getrocknet

- 2 Tassen kochendes Wasser

- $1\frac{1}{2}$ Pfund Pilze; Cremini oder Weiß

- 6 Esslöffel ungesalzene Butter

- $5\frac{1}{2}$ Tasse Hühnerbrühe

- 6 Unzen  Speck; 1/4 Zoll dick

- 1 Tasse Zwiebel; fein gehackt

- Frischer Rosmarin & Salbei

- 3 Tassen Arborio Reis

- 2 Tassen Trockener Rotwein

- 3 Esslöffel frische Petersilie; fein gehackt

- 1 Tasse Parmesan; frisch

a) In einer kleinen Schüssel die Steinpilze 30 Minuten in kochendem Wasser einweichen.

b) Pancetta bei mäßiger Hitze kochen. Fügen Sie reservierte fein gehackte Cremini oder weiße Pilze, restliche Esslöffel Butter, Zwiebel, Rosmarin, Salbei sowie Salz und Pfeffer hinzu, um zu schmecken, während Sie rühren, bis die Zwiebel weich ist. Reis einrühren und kochen.

c) Fügen Sie 1 Tasse kochende Brühe hinzu und kochen Sie unter ständigem Rühren, bis es absorbiert ist.

## 32. Rotwein Gazpacho

Zutat

- 2 Scheiben     Weißbrot

- 1 Tasse   Kaltes Wasser; bei Bedarf mehr

- 1 Pfund   Sehr reife große Tomaten

- 1   rote Paprika

- 1 Medium Gurke

- 1 Knoblauchzehe

- $\frac{1}{4}$ Tasse Olivenöl

- $\frac{1}{2}$ Tasse Rotwein

- 3 Esslöffel Rotweinessig; bei Bedarf mehr

- Salz und Pfeffer

- 1 Presst Zucker

- Eiswürfel; (Zum Servieren)

a) Das Brot in eine kleine Schüssel geben, über das Wasser gießen und einweichen lassen. Die Tomaten entkernen, quer schneiden und die Samen herausschöpfen. Schneiden Sie das Fleisch in große Stücke.

b) Das Gemüse in der Küchenmaschine in zwei Chargen pürieren und das Olivenöl und das eingeweichte Brot zur letzten Charge geben. Wein, Essig, Salz, Pfeffer und Zucker einrühren.

c) In Schüsseln geben, einen Eiswürfel hinzufügen und mit einem geknoteten Streifen Gurkenschale belegen.

## 33. Reis & Gemüse in Wein

Zutat

- 2 Esslöffel     Öl

- je 1       Zwiebel, gehackt

- 1 Medium Zucchini, gehackt

- 1 Medium Karotte, gehackt

- je 1       Stangensellerie, gehackt

- 1 Tasse   Langkornreis

- $1\frac{1}{4}$ Tasse  Gemüsebrühe

- 1 Tasse   Weißwein

a) Das Öl in einem Topf erhitzen und die Zwiebel anbraten. Fügen Sie den Rest des Gemüses hinzu und rühren Sie es bei mittlerer Hitze, bis es leicht gebräunt ist.

b) Reis, Gemüsebrühe und Weißwein hinzufügen, abdecken und 15-20 Minuten kochen, bis die gesamte Flüssigkeit aufgenommen ist.

## 34. Baby Lachs gefüllt mit Kaviar

Zutat

- ½ Tasse Öl, Oliven

- 1 Pfund    Knochen, Lachs

- 1 Pfund    Butter

- 2 Tassen  Mirepoix

- 4  Lorbeerblätter

- Oregano, Thymian, Pfefferkörner, weiß

- 4 Esslöffel Püree, Schalotte

- $\frac{1}{4}$ Tasse Cognac

- 2 Tassen Wein, rot

- 1 Tasse Brühe, Fisch

a) In einer Bratpfanne das Olivenöl erhitzen.

b) Die Lachsknochen in die Pfanne geben und ca. 1 Minute anbraten.

c) Fügen Sie Butter (ca. 2 Esslöffel), 1 Tasse Mirepoix, 2 Lorbeerblätter, $\frac{1}{4}$ Teelöffel Thymian, $\frac{1}{4}$ Teelöffel Pfefferkörner und 2 Esslöffel Schalottenpüree hinzu. Cognac und Flamme hinzufügen.

d) Mit 1 Tasse Rotwein ablöschen und bei starker Hitze 5 bis 10 Minuten kochen lassen.

e) Butter schmelzen. Fügen Sie 2 Esslöffel Schalottenpüree, 1 Tasse Mirepoix, 2 Lorbeerblätter, $\frac{1}{4}$ Teelöffel Pfefferkörner, $\frac{1}{4}$ Teelöffel Oregano, $\frac{1}{4}$ Teelöffel Thymian und 3 Tassen Rotwein hinzu.

f) Stralaze Strain und Reserve.

## 35. Knoblauch-Wein-Reis-Pilaw

Zutat

- 1 Rind von 1 Zitrone

- 8 Knoblauchzehen, geschält

- $\frac{1}{2}$ Tasse Petersilie

- 6 Esslöffel     Ungesalzene Butter

- 1 Tasse normaler Reis (nicht sofort)

- $1\frac{1}{4}$ Tasse Hühnerbrühe

- $\frac{3}{4}$ Tasse trockener Wermut

- 1 Salz & Pfeffer nach Geschmack

a) Zitronenschale, Knoblauch und Petersilie zusammen hacken.

b) Erhitzen Sie die Butter in einem schweren 2-qt-Topf. Die Knoblauchmischung 10 Minuten lang sehr vorsichtig kochen. Reis einrühren.

c) Bei mittlerer Hitze 2 Minuten rühren. Brühe und Wein in einem Topf vermengen. Reis einrühren; Salz und frisch gemahlenen Pfeffer hinzufügen.

d) Drapieren Sie ein Handtuch über den Topf und decken Sie das Handtuch ab, bis es Zeit zum Servieren ist.

e) Heiß oder bei Raumtemperatur servieren.

### 36. Baskische Lammleber mit Rotweinsauce

## Zutat

- 1 Tasse trockener Rotwein

- 1 Esslöffel Rotweinessig

- 2 Teelöffel gehackter frischer Knoblauch

- 1 Lorbeerblatt

- $\frac{1}{4}$ Teelöffel Salz

- 1 Pfund Lammleber

- 3 Esslöffel spanisches Olivenöl

- 3 Scheiben        Speck, gehackt

- 3 Esslöffel Fein gehackter Italiener

- Petersilie

a)  Kombinieren Sie Wein, Essig, Knoblauch, Lorbeer und Salz in einer Glasbackform. Leber hinzufügen und gut mit Marinade bestreichen.

b)  Fügen Sie Speck hinzu und kochen Sie, bis gebräunt und knusprig. Auf Papiertüchern abtropfen lassen.

c)  Die Leber aus der Marinade nehmen und trocken tupfen. Braune Leber in Pfannentropfen für 2 Minuten auf jeder Seite. Auf erhitzte Platte legen.

d)  Gießen Sie die Marinade in eine heiße Pfanne und kochen Sie sie unbedeckt, bis sie halbiert ist. Speckstücke über die Leber streuen, Marinade darüber gießen und mit Petersilie bestreuen.

## 37. In Barolo-Wein geschmortes Rindfleisch

Zutat

- 2  Knoblauchzehe, gehackt

- 3½ Pfund Rindfleisch, Bottom Round oder Chuck

- Salz Pfeffer

- 2  Lorbeerblätter, frisch oder getrocknet

- Thymian, getrocknet, Prise

- 5 Tassen Wein, Barolo

- 3 Esslöffel Butter

- 2 Esslöffel Olivenöl

- 1 Zwiebel, mittel, fein gehackt

- 1 Karotte, fein gehackt

- 1 Selleriestiel, fein gehackt

- $\frac{1}{2}$ Pfund Pilze, weiß

a) Knoblauch in Fleisch einreiben. Mit Salz und Pfeffer würzen. Legen Sie das Fleisch in eine große Schüssel. Fügen Sie Lorbeerblätter, Thymian und genug Wein hinzu, um Fleisch zu bedecken.

b) 2 Esslöffel Butter mit Öl in einem großen, schweren Auflauf schmelzen. Wenn Butter schäumt, fügen Sie Fleisch hinzu. Bei mittlerer Hitze das Fleisch von allen Seiten anbraten.

c) Fleisch aus dem Auflauf nehmen. Zwiebel, Karotte und Sellerie in den Auflauf geben. Sautieren, bis sie leicht gebräunt sind. Das Fleisch wieder in den Auflauf geben. Gießen Sie die reservierte Marinade durch ein Sieb über das Fleisch.

d) 1 Esslöffel Butter in einer mittelgroßen Pfanne schmelzen. Pilze bei starker Hitze goldbraun anbraten. Fügen Sie Pilze zum Fleisch hinzu und kochen Sie 5 Minuten länger.

### 38. Geschmorte Scrod in Weißwein

## Zutat

- $\frac{3}{4}$ Tasse Olivenöl; Plus

- 2,00 Esslöffel Olivenöl

- $1\frac{1}{2}$ Pfund Scrod-Filets; 2x 2 Stücke schneiden

- $\frac{1}{4}$ Tasse Mehl zum Ausbaggern; gewürzt mit

- 1,00 Teelöffel Bayou Explosion

- 1,00 Teelöffel gehackter Knoblauch

- $\frac{1}{2}$ Tasse Birnen- oder Kirschtomaten

- $\frac{1}{4}$ Tasse Kalamata-Oliven; geschnitten

- 2,00 Tasse      lose verpackte Oreganoblätter

- $\frac{1}{4}$ Tasse trockener Weißwein

- 1,00 Teelöffel gehackte Zitronenschale

a) Die Fischstücke in das gewürzte Mehl eintauchen und den Überschuss abschütteln.

b) Legen Sie alle Fischstücke vorsichtig in das heiße Öl und kochen Sie sie 2 Minuten lang.

c) In einer großen Bratpfanne die restlichen 2 Esslöffel Olivenöl bei mittlerer Hitze erhitzen. Gehackten Knoblauch hinzufügen und 30 Sekunden kochen lassen. Legen Sie den Fisch mit Tomaten, Kalamata-Oliven, frischem Oregano, Weißwein, Zitronenschale, Wasser sowie Salz und Pfeffer in die Pfanne.

d) Abdecken und 5 Minuten bei mittlerer Hitze kochen lassen. Die Sauce über den Fisch geben.

## 39. Calamari in Umido

## Zutat

- 16 kleine Calamari, frisch
- $\frac{1}{4}$ Tasse Olivenöl, extra vergine
- 1 Esslöffel Zwiebel; gehackt
- $\frac{1}{2}$ Esslöffel Knoblauch; gehackt
- $\frac{1}{4}$ Teelöffel roter Pfeffer; zerquetscht
- $\frac{1}{3}$ Tasse Chardonnay
- $\frac{1}{4}$ Tasse Fischbrühe

- 3 Stück   Petersilienzweige, italienisch; gehackt

- Salz Pfeffer

a) Reinigen und schälen Sie den Tintenfisch, falls dies noch nicht auf dem Fischmarkt geschehen ist. Das Olivenöl in einer Pfanne bei mittlerer Hitze erhitzen.

b) Die Zwiebel, den Knoblauch und den zerkleinerten roten Pfeffer 30 Sekunden lang bei mittlerer Hitze anbraten, dann die geschnittenen Calamari und alle anderen Zutaten hinzufügen.

c) Die Pfanne zum Kochen bringen und etwa drei Minuten köcheln lassen, bis die Sauce um etwa ein Drittel reduziert ist. Serviert zwei Vorspeisen oder vier Vorspeisen.

## 40. Geschmorte Ochsenschwänze mit Rotwein

Zutat

- 6 Pfund   Ochsenschwänze

- 6 Tassen Rotwein

- ½ Tasse Rotweinessig

- 3 Tassen Cipollini Zwiebeln oder Perlzwiebeln

- 1½ Tasse Sellerie, in Scheiben geschnitten

- 2 Tassen Karotten, in Scheiben geschnitten

- 1 Teelöffel Wacholderbeeren
- ½ Teelöffel schwarze Pfefferkörner
- Koscheres Salz, schwarzer Pfeffer
- ⅓ Tasse Mehl
- ¼ Tasse Olivenöl
- ⅓ Tasse Tomatenmark
- 2 Esslöffel Petersilie

a) Legen Sie die Ochsenschwänze in eine große, nicht reaktive Schüssel. Fügen Sie den Wein, Essig, Cipollini-Zwiebeln, Sellerie, Karotten, Wacholderbeeren, Pfefferkörner und Petersilie hinzu.

b) Die Ochsenschwänze von allen Seiten 10 bis 15 Minuten in Öl anbraten.

c) Die Ochsenschwänze mit Marinade, Wacholderbeeren, Pfefferkörnern und 2 Tassen Wasser in die Pfanne geben. Die Tomatenmark einrühren, bis sie sich aufgelöst hat. Bedeckt und 2 Stunden backen.

d) Fügen Sie das reservierte Gemüse hinzu. Köcheln lassen und die Gewürze anpassen

## 41. Fisch im Weinauflauf

Zutat

- 2 Esslöffel Butter oder Margarine

- 1 Medium  Zwiebel, dünn geschnitten

- ½ Tasse trockener Weißwein

- 2 Pfund  Heilbuttfilets

- Milch

- 3 Esslöffel Mehl

- Salz Pfeffer

- 8½ Unzen Kann kleine Erbsen abtropfen lassen

- 1½ Tasse chinesische gebratene Nudeln


a) Butter schmelzen. Fügen Sie Zwiebel hinzu und erhitzen Sie, unbedeckt, im Mikrowellenherd, 3 Minuten. Wein und Fisch hinzufügen und erhitzen.

b) Lassen Sie die Pfannensäfte in einen Messbecher abtropfen und geben Sie genügend Milch hinzu, um die Pfannensäfte auf 2 Tassen zu bringen.

c) Die 3 Esslöffel Butter oder Margarine 30 Sekunden lang im Mikrowellenherd schmelzen.

d) Mehl, Salz und Pfeffer einrühren. Reservierte Fischflüssigkeitsmischung nach und nach einrühren.

e) Unbedeckt im Mikrowellenherd 6 Minuten unter häufigem Rühren erhitzen, bis sie eingedickt und glatt sind. Fügen Sie Erbsen zur Soße hinzu.

f) Fügen Sie dem Fisch im Auflauf Sauce hinzu und rühren Sie ihn vorsichtig um. Unbedeckt im Mikrowellenherd 2 Minuten erhitzen. Nudeln über Fisch streuen und erhitzen. Dienen

## 42. Mit Wein angereicherte gegrillte Schweinekoteletts

Zutat

- 2 Flaschen Holland House® Red Cooking Wine
- 1 Esslöffel gehackter frischer Rosmarin
- 3 Knoblauchzehen, gehackt
- ⅓ Tasse verpackter brauner Zucker
- 1 ½ Teelöffel Speisesalz *
- 1 Teelöffel frisch gemahlener Pfeffer
- 4 (8 Unzen) mittig geschnittene Schweinekoteletts, 3/4 Zoll dick

- 1 Teelöffel Ancho Chilipulver **

Richtungen

a) Gießen Sie den kochenden Wein in einen nichtmetallischen Behälter. Fügen Sie Zucker, Salz und Pfeffer hinzu; rühren, bis sich Zucker und Salz aufgelöst haben. Den abgekühlten Geschmacksaufguss einrühren.

b) Legen Sie die Schweinekoteletts so in Salzlake, dass sie vollständig eingetaucht sind.

c) Den Grill auf mittlere bis niedrige Hitze vorheizen, 325-350 Grad F.

d) 10 Minuten grillen; drehen und 4-6 Minuten grillen.

e) Entfernen, mit Folie abdecken und 5 Minuten vor dem Servieren ruhen lassen.

# INFUSIERTE GETRÄNKE

**43. Mit grünem Tee übergossener Wein**

ZUTATEN:

- 8 gehäufte Teelöffel loser grüner Tee
- 1 Flasche (750 ml) Sauvignon Blanc
- Einfacher Sirup - Optional
- Sodawasser oder Limonade - Optional

Richtungen:

a) Die Teeblätter direkt in die Flasche Wein geben. Der einfachste Weg, dies zu tun, ist die Verwendung eines kleinen Trichters, damit die Blätter nicht überall hingehen.

b) Stecken Sie den Korken wieder ein oder verwenden Sie einen Flaschenstopp und stellen Sie ihn über Nacht oder für mindestens 8 Stunden in den Kühlschrank.

c) Wenn Sie bereit sind, den Wein zu trinken, die Blätter mit einem Sieb abseihen und neu abfüllen.

d) Fügen Sie nach Belieben einfachen Sirup und Soda oder Limonade hinzu - optional.

## 44. Erfrischender Wein Daiquiri

Zutat

- 1 Dose (6 Unzen) gefrorene Limonade

- 1 Packung (10 Unzen) gefrorene Erdbeeren; leicht aufgetaut

- 12 Unzen Weißwein

- Eiswürfel

a) Limonade, Erdbeeren und Wein in den Mixer geben.

b) Leicht mischen. Fügen Sie Eiswürfel hinzu und mischen Sie weiter, bis die gewünschte Konsistenz erreicht ist.

## 45. Melonen-Erdbeer-Cocktail

Zutat

- 1  Charentals Oregon Melone

- 250 Gramm Erdbeeren; gewaschen

- 2 Teelöffel Puderzucker

- 425 Milliliter    Trockener Weißwein oder Sekt

- 2  Zweige Minze

- 1 Teelöffel schwarzer Pfeffer; zerquetscht

- Orangensaft

a) Schneiden Sie die Melone in Stücke und entfernen Sie die Samen. Erdbeeren halbieren und in eine Schüssel geben. Melonenkugeln mit Parsienne-Cutter entfernen und in die Schüssel geben. Über den Puderzucker, die gehackte Minze und den schwarzen Pfeffer streuen.

b) Orangensaft und Wein darüber gießen. Vorsichtig umrühren und 30 Minuten bis 1 Stunde im Kühlschrank lagern.

c) Legen Sie den Cocktail zur Präsentation in die Melonenschalen oder in ein Präsentationsglas.

## 46. Jeweled Wein schimmert

Zutat

- 1 großes Zitronengelee

- 1 Tasse Wasser, kochend

- 1 Tasse Wasser, kalt

- 2 Tassen Roséwein

- $\frac{1}{2}$ Tasse kernlose grüne Trauben

- $\frac{1}{2}$ Tasse frische Blaubeeren

- 11 Unzen Mandarinen-Segmente, abgetropft

- Salatblätter

a) In einer großen Schüssel Jello in kochendem Wasser auflösen; kaltes Wasser und Wein einrühren. Kühlen Sie, bis es eingedickt, aber nicht fest ist, ungefähr 1 $\frac{1}{2}$ Stunden. Trauben, Blaubeeren und Mandarinen-Segmente unterheben.

b) In einzelne Formen oder eine geölte 6-Tassen-Form gießen. Kühlen Sie ungefähr 4 Stunden oder bis fest. Zum Servieren auf mit Salat ausgekleideten Serviertellern ausformen.

## 47. Rosmarinwein & schwarzer Tee

Zutat

- 1 Flaschenrotwein; ODER ... anderer vollmundiger Rotwein

- 1 Liter Schwarztee-Präferenz. Assam oder Darjeeling

- $\frac{1}{4}$ Tasse Milder Honig

- $\frac{1}{3}$ Tasse Zucker; oder nach Geschmack

- 2 Orangen in dünne Scheiben geschnitten und entkernt

- 2  Zimtstangen (3 Zoll)

- 6  Ganze Nelken

- 3  Rosmarinzweige

a) Gießen Sie den Wein und den Tee in einen nicht korrodierbaren Topf. Fügen Sie den Honig, Zucker, Orangen, Gewürze und Rosmarin hinzu. Bei schwacher Hitze kaum dämpfen. Rühren, bis sich der Honig aufgelöst hat.

b) Nehmen Sie die Pfanne vom Herd, decken Sie sie ab und lassen Sie sie mindestens 30 Minuten lang stehen. Wenn Sie fertig sind, erhitzen Sie es bis es nur noch dämpft und servieren Sie es heiß

## 48. Earl Grey Tea Spritzer

## Zutaten

- 2 Teebeutel Numi Aged Earl Grey
- 1 Körbchen Blaubeeren
- Ein paar Zweige frische Minze
- $\frac{1}{2}$ Tasse Agavensirup
- 1 Flasche Sekt
- 1 Tablett Eiswürfel

Richtungen

a) Bringen Sie zwei Tassen Wasser zum Kochen und fügen Sie die Teebeutel hinzu. Lassen Sie sie 10 Minuten ziehen und geben Sie den Agavensirup in die Mischung.

b) Rühren Sie ein Tablett mit Eiswürfeln in die Mischung und stellen Sie es in den Kühlschrank, bis es abgekühlt ist.

c) Nach dem Abkühlen die Minze und die Blaubeeren nach Belieben und den Sekt hinzufügen und in einem Krug verrühren.

d) Genießen!

## 49. Mit Wein angereicherte heiße Schokolade

ZUTATEN

- $\frac{1}{2}$ Tasse Vollmilch
- $\frac{1}{2}$ Tasse halb und halb - durch gleiche Teile Vollmilch und leicht eingedickte Sahne ersetzen, falls nicht verfügbar
- $\frac{1}{4}$ Tasse / 45 g dunkle Schokoladenstückchen
- $\frac{1}{2}$ Tasse trockener Rotwein - vorzugsweise Shiraz
- Ein paar Tropfen Vanilleextrakt
- 1 EL / 15 ml Zucker

- Winzige Prise Salz

Richtungen:

a) Kombinieren Sie die Vollmilch, die Hälfte und die Hälfte, dunkle Schokoladenknöpfe / -chips, Vanilleextrakt und Salz in einem Topf bei schwacher Hitze.

b) Ständig umrühren, damit die Schokolade am Boden nicht verbrennt, bis sie sich vollständig aufgelöst hat. Sobald es schön heiß ist, nehmen Sie es vom Herd und gießen Sie den Vino hinein. Gut mischen.

c) Probieren Sie die heiße Schokolade und passen Sie die Süße mit Zucker an. In einen Becher mit heißer Schokolade gießen und sofort servieren.

## 50. Cranberry-Wein-Punsch

Zutat

- 1½ Liter  Cranberry-Saft-Cocktail; gekühlt

- 4 Tassen  Burgund oder anderer trockener Rotwein; gekühlt

- 2 Tassen  Ungesüßter Orangensaft; gekühlt

- Orangenscheiben; (Optional)

a) Kombinieren Sie die ersten 3 Zutaten in einer großen Schüssel; gut umrühren.

b) Nach Belieben mit Orangenscheiben garnieren.

# FAZIT

Moderne Rezepthersteller verbringen viel Zeit damit, hausgemachte Aufgüsse, Tinkturen und mit Wein angereicherte Gerichte zu bewerben. Und das aus gutem Grund: Mit benutzerdefinierten Sirupen und Likören können Bars Cocktails kreieren, die nicht immer repliziert werden können. Für Bar-Manager und -Eigentümer, die das Beste aus den geringen operativen Margen herausholen möchten, ist es billiger, mit übrig gebliebenen Zutaten aus der Küche eines Restaurants etwas „Maßgeschneidertes" zu machen, als für vorgefertigte kommerzielle Angebote zu bezahlen.

Die meisten Zutaten können zum Aufgießen mit Wein verwendet werden. Zutaten mit natürlichem Wassergehalt wie frisches Obst weisen jedoch tendenziell eine bessere Leistung auf.

Sie haben jedoch die Wahl, und das Experimentieren ist Teil des Spaßes. Was auch immer Sie versuchen, die Ergebnisse werden erfreulich sein!